Noch viele schöne
gemeinsame Jahre
in guter Gesundheit
wünschen Euch
Fritz u. Dorothe
ind Kinder

Kating, den 16.08.2004

Zur Erinnerung an den
90. Geburtstag von Edith

Dagmar Fitz
Kathrin Michael
Gerd Maak
Felise Marie   Erika Marin   Ingrid
Franke   Renate o Horst
Waltraud Maaß
              Franz u. Hilde
Peter Friedrichs
                         Karin
           Heike

Poesie der Nordseeküste

Fotografien von Günter Pump
Texte von Theodor Storm, Klaus Groth
und andere Stimmen aus der Literatur

Verlag Boyens & Co.

Als der Märchendichter Hans Christian Andersen im Sommer 1844 in Dagebüll anlangte, nannte er diese einstige Hallig 'das erbärmlichste Loch der Erde'. Er war offensichtlich noch in unangemessenen Vorstellungen befangen. Nachdem er die Inselwelt kennengelernt und von ihr sich hatte beeindrucken lassen, zog er die Summe: *'Vom Meere eine Perle heim zu bringen / Die Perle der Erinnerung voll Poesie ...'*

Die Poesie der Nordseeküste erschloß sich den Dichtern und Malern und der wachsenden Zahl von Sommergästen in wenigen Jahrzehnten. Ernst Schlee beschreibt diesen Vorgang so: *„In jahrzehntelangem Umdenken klärte sich die neue Vorstellung: In der Entlegenheit, fern den Zentren der Zivilisation, sozusagen 'am Ende der Welt' gibt es Rettung vom bedrängenden Zwang des städtischen, gesellschaftlichen Lebens, vor allem auch des Arbeitslebens. Die weitere Entwicklung der Industriegesellschaft konnte solch legitimes Verlangen nach Flucht nur verstärken. Küsten und Strände wurden das Ziel einer rasch anwachsenden Besucherschaft."*

Den Kontrast zum Alltag suchte man, man wollte die Elemente erleben, die Lust an der unberührten und ungezähmten Natur.

Diese Entwicklung hat sich fortgesetzt und im Zeitalter des Tourismus noch einmal um ein Vielfaches zugenommen. Büsum, St. Peter-Ording, Wyk auf Föhr und besonders Westerland haben sich im Zuge der letzten Jahrzehnte den großen Urlauberströmen angepaßt. Um so stärker aber wurde auch das Bedürfnis vieler Menschen, auf der Suche nach unberührter Natur, nach Begegnung mit den Elementen Wasser und Wind die vielen Dörfer an der Küste und auf den Inseln und die einsamen Höfe auf den Halligen zu entdecken.

Der moderne Mensch hat es gern, zu den Urgewalten zu treten und etwa am Meeresstrand die Fragen des Lebens auszubreiten. Wenn der Jüngling am wüsten, nächtlichen Meer die Wogen befragt

'O löst mir das Rätsel des Lebens,
Das qualvoll uralte Rätsel,
Worüber schon manche Häupter gegrübelt'

Und weiter:

'Sagt mir, was bedeutet der Mensch?
Woher ist er gekommen? Wo geht er hin?
Wer wohnt dort oben auf goldenen Sternen?'

Dann sagt Heine am Schluß:

„Es murmeln die Wogen ihr ew'ges Gemurmel,
Es wehet der Wind, es fliehen die Wolken,
Es blinken die Sterne, gleichgültig und kalt,
Und ein Narr wartet auf Antwort."

Der Nordseekenner Heinrich Heine wußte genau, daß vom Meer keine Antworten zu erwarten sind. Und doch ist es so: Die Begegnung mit den Elementen klärt etwas in uns und hilft den Menschen, ihre eigenen Antworten in sich zu finden.

Was der Holzschneider Gerhard Hermanns, der mit seinen großen Zyklen *"Koppel und Vorland"* sowie *"Letzte Landschaften"* derzeit viele Ausstellungen bestreitet und zum öffentlichen Bild dieser Landschaft beiträgt, über Dithmarschen sagt, ist allgemeintypisch für die schleswig-holsteinische Nordseeküste: *„Hommage à Dithmarschen. Eine graphische Landschaft. Die Spannung vom Punkt zur Linie und Fläche wird zum Raumerlebnis. Farbig ist hier das Licht. Auch wenn blaues Novembergrau den Horizont aufhebt – es bleibt der Raum. Eine Landschaft, die Kraft gibt und abverlangt."*

Und auch was Peter Suhrkamp in seinem unvergleichlichen Essay „Die nordfriesische Insel" über Sylt im Jahre 1943 geschrieben hat, läßt sich als allgemeingültige Aussage über diese Küstenlandschaft erweitern:

„Alle Sinne sind im Augenblick des Betretens der Insel von dieser vollauf in Anspruch genommen und ausgefüllt, und das Gemüt ist entweder verschüchtert oder betäubt oder beseligt. Die Insel kann wüst, öde und lichtlos angetroffen werden, auch in einer halben Nüchternheit, einer frühen Klarheit, auch als seliger Spiegel überirdischer Schönheiten, aber nie ist sie nur einfach schön und gar lieblich, selbst nicht in der schönsten Zeit, wenn ein Tag oder ein Jahr am Himmel über ihr Nachfeier hält. Sie ist nie dieselbe und doch stets unverkennbar die Insel."

Günter Grass schrieb in seinem Haus in Wewelsfleth in der Wilstermarsch seinen großen Roman „*Der Butt*" und den Text „*Kopfgeburten oder Die Deutschen sterben aus*". Die Elbmarschen sind die Vorstufe zur großartigen Küstenlandschaft. Und vieles läßt sich schon einfangen, wie Grass zeigt:

„Weit greift der Blick vom Deich über das gesperrte Gelände in die schlachtviehreiche Wilstermarsch hinein. Welthaltig weitet sich vom Deich der Blick über den bei Ebbe ausladenden Strand und die hier zur nahen Mündung hin immer breiter werdende Elbe, wie sie Großtanker, Bananendampfer, Küstenmotorschiffe von Hamburg her, nach Hamburg hinträgt. Weiter noch, bis nach drüben, wo flach (wie hier die Marsch) Niedersachsen anufert, schweift der fernsüchtige Blick. Ach, und die Wolkenbildung über so viel Fläche. Und die tintigen Sonnenuntergänge. Eine Kameraweide."

Blick vom alten Küstenufer, Kleve genannt, in die fruchtbaren Niederungen
View from the old coastal shore known as Kleve in the fertile lowlands

Die Wilsterau bei Kasenort
The Wilsterau near Kasenort

Klaus Groth, der aus Heide stammende Wiederentdecker der niederdeutschen Sprache, notierte über seinen Landsmann Friedrich Hebbel: *„Hebbel besingt einen Dithmarscher Bauern, der in Erwartung des Sturms Mensch und Vieh müde hetzt, um seine Ernte unter Dach und Fach zu bringen. Er selbst ermüdet nicht. Und als nun, nachdem es gelungen, die Hausfrau eilt, alles mit Speise und Trank zu erquicken, sagt der Hausherr:*

Frau, mich soll Gott behüten
Vor Speis' und auch vor Trank
Bei solcher Stürme Wüten...

Nun winkt er ihr, dann reitet
Er eilig wieder fort
Zum Deich zurück und leitet
Die Strand- und Schiffswacht dort.

An dem Deichwesen entwickelten sich der Mut, die Ruhe und Entschlossenheit, allgemein erkannte Eigenschaften des Marschbewohners. Wer so im Sturm bei steigender Flut entlang reitet wie dieser Bauer, der muß fest im Sattel, dem muß das Herz fest im Leibe sitzen."

Blühende Löwenzahnwiese an der Kanalbrücke bei Brunsbüttel
Flowering dandelion field near the canal bridge at Brunsbüttel

Die Deiche sind die höchsten Erhöhungen in der Weite der Marsch
The dikes are the highest elevation in the scope of the marsh

Windmöl

Ole Moder grau
Steit alle Nacht in Dau,
Se itt keen Fleesch, itt keen Brot
Un deit doch alle Menschen got.

KLAUS GROTH

Butterblumenwiese an der Mühle in Hopen
A buttercup meadow and the Hopen windmill

Die Holländer-Windmühle „Ursula" in Barlt
The Dutch windmill „Ursula" in Barlt

Klaus Groth fährt fort:

„*Kein Wunder, wenn sich in diesen Landen der Gemeinsinn entwickelte, der da verstand, zu rechter Zeit zu gehorchen und sich unterzuordnen, die gesunde Kommunalverfassung, die z. B. aus Dithmarschen einen kleinen republikanischen Musterstaat geschaffen, der Jahrhunderte dem Andrängen der vereinten holsteinischen und dänischen Macht widerstand und selbst unterliegend noch die Spuren alter Freiheit bewahrt hat, das letzte vielleicht, was von altsächsischer Einrichtung am Leben geblieben (...)*"

An die Schlacht im Jahr 1500 bei Hemmingstedt erinnert dieses Landesdenkmal auf der Dusenddüwelswarft
This national monument is in memory of the battle on the Dusenddüwelswarft at Hemmingstedt in the year 1500

Dom der Dithmarscher, Meldorf Südermarkt
The "Cathedral of Dithmarschen" from the southern market in Meldorf

Auch Nebel und Regen gehören zu dieser Landschaft. So vertonte Johannes Brahms (op. 59,3) das Regenlied Klaus Groths:

Walle, Regen, walle nieder,
Wecke mir die Träume wieder,
Die ich in der Kindheit träumte,
Wenn das Naß im Sande schäumte;

Wenn die matte Sommerschwüle
Lässig stritt mit frischer Kühle
Und die blanken Blätter tauten
Und die Saaten dunkler blauten.

Morgenstimmung, Nord-Ostsee-Kanal bei Grünental
Morning Mood. The Kiel Canal at Grünental

Abend im Moor, hier findet auch der Fischotter noch seinen Lebensraum
Evenings on the moors, still the habitat also of the otter

Im Groth-Museum auf Lüttenheid in Heide, nur 30 Meter vom Brahmshaus entfernt, finden Besucher noch jene liebenswerte Beschaulichkeit, wie sie in den Gedichten zum Ausdruck kommt und sich hier und da bis heute bewahrt hat.

Ik wull, wi weern noch kleen, Jehann,
Do weer de Welt so grot!
Wie seten op den Steen, Jehann,
Weest noch? bi Navers Sot.
An Heben seil de stille Maan,
Wi segen, wa he leep,
Un snacken, wa de Himmel hoch
Un wa de Sot wul deep.

Das Geburtshaus von Klaus Groth in Heide dient heute als Museum
The house in Heide where Klaus Groth was born serves as a museum today

Hünengrab am alten Wasserturm in Heide
A dolmen near the old water-tower in Heide

Einer der großen Könner niederdeutscher Literatur ist für den Tagesschau-Sprecher und plattdeutschen Rezitator Wilhelm Wieben in unserer Zeit Hinrich Kruse, Sohn eines Dithmarscher Landlehrers. Wiebens Lieblingsgedicht von Kruse ist „Vörjahr":
„*Dat wiede, siede, griese Land / mit hier en Bulten Heid un / dar en blänkern Waterkuhle in't brune Moor.*" Und zum Schluß des Gedichts heißt es dann: „*Denn regent dat, un dat / wiede, siede, griese Land / warrt wedder grön.*"

Von diesem Gedicht fühlt Wilhelm Wieben sich ganz besonders an das Frühjahr in seiner Heimat Dithmarschen erinnert.
„*Und was auf der Welt kann schöner sein als ein Frühlingstag in Dithmarschen?*"

Storchenzeit – Sommerzeit, Bergenhusen
Stork-time – Summertime, in Bergenhusen

Die Broklandsau bei Heide am Rande der Geest
The Broklandsau in Heide at the edge of the Geest

En egen Hus, en egen Hof un Arbeit alle Dag':
De meisten is dat Glück to grot, – so sökt se sik en Plag.

KLAUS GROTH

Eiderstedter Hof auf der Halbinsel Eiderstedt
A farm on the Eiderstedt Peninsula

Der „Rote Haubarg" in Witzwort
The „Red Haubarg" of Witzwort

Sarah Kirsch, die Poetin, die vor Jahren an der Eider seßhaft wurde, spricht gar von 90 Prozent Himmel, dem die kleine Erde gegenübersteht. In ihrem Buch *„Allerlei-Rauh"* findet die Dichterin schöne Bilder für dieses Land im Norden, das sie schon ganz und gar als Jütland empfindet.

„Bunt schon und immer die leuchtendsten Farben", so beginnt sie ihren Text, *„das kräftige Blauschwarz der Wolken vor einem Sturm und die kalkweißen Möwen darin, die roten Säulen des Phlox, weiße Malwen, grüne Türen und Tore, ein blauer Fensterladen..."*
Vor dem tiefgrünen Hintergrund des Landes heben sich alle anderen Farben plastisch und bestechend ab, und Sarah Kirsch stellt fest: *„bunt, aber sehr langsam dreht sich im Norden das Kaleidoskop unser Leben geheißen, und mitunter bleibt es auch eine Weile stehen, daß der Betrachter sich ein Bild überaus deutlich einprägen kann, nichts Besonderes, nur unvergeßlich".*

Hoher Himmel, grüne Weiden: Kating in Eiderstedt
Distant sky and green pastures: Kating in Eiderstedt

Partie am Deich bei Westerhever
The Eiderstedt peninsula. A view of the dike near Westerhever

Martje Flor

Op Martje Flor! Vör menni Jahr
Hus' Steenbuck mit sin Rasselbann
Int Eiderstedsche, as vörwahr
En Tropp vun Turkos husen kann.

Se plündern, stohlen, sengn un brenn,
Vertehren mager, fehr un fett;
Keen Koh weer seker op de Fenn,
Keen Fru in'n Hus', keen Kind int Bett.

Bi Garding leeg en Hof in'n Lann,
De Haubarg as en lüttje Kark,
Dar leeg ol Steenbuck mit sin Bann,
Un Herr un Heer, de dreben't arg.

De Win war drunken ut den Kros,
De Keller lerrig un de Kök,
De Koh war eten ut de Bos,
Speck ut den Rok un ut de Lök.

De Bur mit all, wat kunn, weer flücht',
Mit Knecht un Magd, mit För un For.
Blot een lütt Diern, de blev torügg,
Dat weer Dochder: Martje Flor.

Weer eensam bleben mank de Bann,
En Mäden, eben ut de Schol.
Muß maken mit er lütten Hann,
Muß schaffen, dat de Dischen vull.

Do, as se daben, vull un dull,
Do war se ropen an de Disch:
„Kummenher un schenk din Beker vull!"
„Drink en Gesundheit! Nu man frisch!"

Bleek war dat Mäden as de Wand,
Doch mank dat Kriegsvolk unverzagt.
Se reep, den Beker in de Hand:
„Dat gah uns wol op ole Dag'!"

KLAUS GROTH

An der Mühle „Emanuel" in Garding
At the mill "Emanuell" in Garding

Der Hafen von Tönning war nur kurze Zeit ein bedeutender Hafen. Daran erinnert das große Packhaus von 1783
The Tönning harbor was an important harbor for only a brief period. The large packinghouse from 1783 brings this to mind

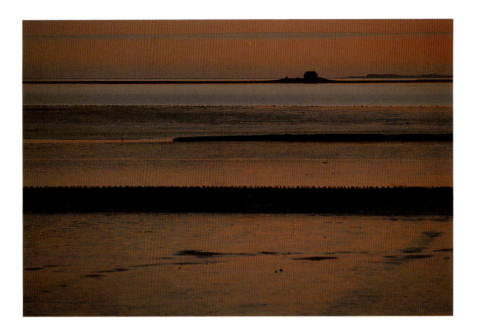

Ein Dichter allerdings hat bei Generationen von
Schülern das Bild von der Nordseeküste
geprägt wie kein anderer – das ist Theodor
Storm mit seinem 1854 im Exil entstandenen
Gedicht „Meeresstrand":

Ans Haff nun fliegt die Möwe,
Und Dämmrung bricht herein;
Über die feuchten Watten
Spiegelt der Abendschein.

Graues Geflügel huschet
Neben dem Wasser her;
Wie Träume liegen die Inseln
Im Nebel auf dem Meer.

Ich höre des gärenden Schlammes
Geheimnisvollen Ton,
Einsames Vogelrufen –
So war es immer schon.

Noch einmal schauert leise
Und schweiget dann der Wind;
Vernehmlich werden die Stimmen,
Die über der Tiefe sind.

Vorposten des Festlandes: Hallig Habel
Outpost of the mainland: Habel Holm

St. Peter-Ording – Abendstimmung im amphibischen Flach der Sandbänke
St. Peter-Ording – Evening mood on the tidal sandbank

Geflüster in der Nacht

Es ist ein Flüstern in der Nacht,
Es hat mich ganz um den Schlaf gebracht;
Ich fühl's, es will was verkünden
Und kann den Weg nicht zu mir finden.

Sind's Liebesworte, vertrauet dem Wind,
Die unterwegs verwehet sind?
Oder ist's Unheil aus künftigen Tagen,
Das emsig drängt sich anzusagen?

THEODOR STORM

Nachtwächter an der Meerespforte (Büsum)
Night-watchman at the sea (Büsum)

Leuchtfeuer Westerheversand – weitbekannt
The famous lighthouse on Westerheversand

Ein unvergeßliches Bild der Nordseelandschaft gibt Storm am Beginn seiner letzten Novelle „Der Schimmelreiter":

Es war im dritten Jahrzehnt unseres Jahrhunderts, an einem Oktobernachmittag – so begann der damalige Erzähler –, als ich bei starkem Unwetter auf einem nordfriesischen Deich entlangritt. Zur Linken hatte ich jetzt schon seit über einer Stunde die öde, bereits von allem Vieh geleerte Marsch, zur Rechten, und zwar in unbehaglichster Nähe, das Wattenmeer der Nordsee; zwar sollte man vom Deiche aus auf Halligen und Inseln sehen können; aber ich sah nichts als die gelbgrauen Wellen, die unaufhörlich wie mit Wutgebrüll an den Deich hinaufschlugen und mitunter mich und das Pferd mit schmutzigem Schaum bespritzten; dahinter wüste Dämmerung, die Himmel und Erde nicht unterscheiden ließ; denn auch der halbe Mond, der jetzt in der Höhe stand, war meist von treibendem Wolkendunkel überzogen. Es war eiskalt; meine verklommenen Hände konnten kaum den Zügel halten, und ich verdachte es nicht den Krähen und Möwen, die sich fortwährend krächzend und gackernd vom Sturm ins Land hineintreiben ließen. Die Nachtdämmerung hatte begonnen, und schon konnte ich nicht mehr mit Sicherheit die Hufen meines Pferdes erkennen; keine Menschenseele war mir begegnet, ich hörte nichts als das Geschrei der Vögel, wenn sie mich oder meine treue Stute fast mit den langen Flügeln streiften, und das Toben von Wind und Wasser, ich leugne nicht, ich wünschte mich mitunter in sicheres Quartier.

Haubarg Fleudenberg bei Tönning
The Fleudenberg Haubarg near Tönning

Blick auf das Wattenmeer
View of the mud flats

Hinter den Tannen

Sonnenschein auf grünem Rasen,
Krokus drinnen blau und blaß;
Und zwei Mädchenhände tauchen
Blumen pflückend in das Gras.

Und ein Junge kniet daneben,
Gar ein übermütig Blut;
Und sie schau'n sich an und lachen –
O wie kenn' ich sie so gut!

Hinter jenen Tannen war es,
Jene Wiese schließt es ein –
Schöne Zeit der Blumensträuße,
Stiller Sommersonnenschein!

THEODOR STORM

Symphonie in Gelb: Haubarg und blühender Raps
A symphony in yellow: A thatched farmhouse and Rape flowers

„Blütenwunder des Nordens" – Krokusblüte im Husumer Schloßpark
„The flower wonder of the North" – blossoming crocus in Husum castle park

Die Stadt

Am grauen Strand, am grauen Meer
Und seitab liegt die Stadt;
Der Nebel drückt die Dächer schwer,
Und durch die Stille braust das Meer
Eintönig um die Stadt.

Es rauscht kein Wald, es schlägt im Mai
Kein Vogel ohn' Unterlaß;
Die Wandergans mit hartem Schrei
Nur fliegt in Herbstesnacht vorbei,
Am Strande weht das Gras.

Doch hängt mein ganzes Herz an dir,
Du graue Stadt am Meer;
Der Jugend Zauber für und für
Ruht lächelnd doch auf dir, auf dir,
Du graue Stadt am Meer.

THEODOR STORM

Am alten Binnenhafen in Husum
The old inner harbour at Husum

Husum, Binnenhafen und Rathaus
Husum with the inner harbour and the town hall

Summerbild ut'e Marsch

Heuwagens hebbt dat hilt to aarn,
Mi dünkt, ik seeg den Summer fahrn,
Un seeg ik Diem na Diem verswinn,
So ward mi weh un swar to Sinn.

Ik gah un seeg mi hin und her:
Se kamt mi as Behüsen vör,
Un schint de Maan des Abends schön,
So sünd se as en Dörp to sehn.

KLAUS GROTH

Am Wegesrand: die Sumpfschwertlilie
On the wayside: the swamp iris

Peters Warft, Nordfriesland
Peter's wharf, Northern Frisia

Es sind die Bauerngärten auf den Dörfern, die Ursprünglichkeit und Farbreichtum verkörpern und immer wieder Anstoß geben, über Vergangenes und Vergängliches nachzudenken. Einen der berühmtesten und schönsten Gärten unterhielt der Landvoigt Boie zu Goethes Zeiten in Meldorf. Heute ist es ein bezauberndes Erlebnis, durch Emil Noldes kunstvoll angelegten Bauerngarten in Seebüll zu schlendern. Doch viele Höfe in Dithmarschen und Nordfriesland erfreuen uns mit ihrer typischen Blumenpracht. Elisabeth von Ulmann schreibt in ihrem Gedicht „Bauerngärten":

Meine abgerissenen Erinnerungen
fliehen
in Kinderliedworte, die tönen

Blumen in Bauerngärten
wissen von meinem sehnenden Trachten
wiedererkannt zu sein

Cosmea, Calendula, Clarkia –
die Dahlien, Tagetes, sie alle
müssen bewahren, was mich
zur Heimkehr trieb

Der einzelne Baum
mit Linien und Ringen
in seinem sich leise wandelnden Stamm
trägt von meinem Wollen

Du Dorf
du bist wie du bist

Oder begreifen deine Menschen
inzwischen
mehr

während dennoch
die Saat aufgeht auf Feldern,
während in Bauerngärten Cosmeen blühn
und der Hahn früh weckt

Meine Erinnerung leg ich in
Kinderliedverse
bette sie ein

schenke sie mit den Tönen
Nachkommenden und möchte
Vertrauen hegen

Herbstabend über der Marsch
Autumn evening settles over the marsh

Emil Noldes Garten auf Seebüll
Emil Nolde's garden in Seebüll

Je weiter wir nach Norden kommen, desto weiter erscheint der Horizont und desto eindrucksvoller setzen sich die weißen Wolken vor dem blauen Himmel in Positur. Alfred Kerr, der große Berliner Theaterkritiker der 20er Jahre, an sich ganz von der Rationalität der modernen Zivilisation durchdrungen, notierte im Angesicht des nordfriesischen Himmels:

„Ja, alle guten Kirchenheiligen, steht mir bei, dort oben über dem Wattenmeer lagern stirnrunzelnd die Friesengötter, jeder hat einen Fluch im finster umleuchteten, haßvollen Blick. Um die Sonnenuntergangsstunde sammeln sich diese Verstorbenen hier in der Luft über dem Meere der Verlassenheit – und in dem Wattenmeer liegen begraben, verschüttet, sandüberweht, flutüberspült menschliche Siedelungen, mit ihren Menschen, ihrem Gerät, ihrem Getier, aus Jahrhunderten, aus Jahrtausenden. Städte standen, wo jetzt das Meer fließt."

Vorland auf der Hamburger Hallig
The foreshore on the Hamburg Hallig

Der Hauke-Haien-Koog, der ein Wasserstaubecken darstellt
The Hauke-Haien polder, which used as a water reservoir

Die schwersten Sturmfluten an der nordfriesischen Westküste seit dem Mittelalter sind in den Jahren 1362, 1634, 1717, 1825 und 1962 verzeichnet. Das wohl eindrucksvollste poetische Bild für die Gefahren der Sturmflut schuf Detlev von Liliencron:

Heute bin ich über Rungholt gefahren,
Die Stadt ging unter vor 600 Jahren.
Noch schlagen die Wellen da wild und empört,
Wie damals, als sie die Marschen zerstört.
Die Maschine des Dampfers schütterte, stöhnte,
Aus den Wassern rief es unheimlich und höhnte:

Trutz, Blanke Hans

Mitten im Ozean schläft bis zur Stunde
Ein Ungeheuer, tief auf dem Grunde.
Sein Haupt ruht dicht vor Englands Strand,
Die Schwanzflosse spielt bei Brasiliens Sand.
Es zieht, sechs Stunden, den Atem nach innen
Und treibt ihn, sechs Stunden, wieder von hinnen.

Trutz, Blanke Hans

Doch einmal in jedem Jahrhundert entlassen
Die Kiemen gewaltige Wassermassen.
Dann holt das Untier tiefer Atem ein,
Und peitscht die Wellen und schläft wieder ein.
Viel tausend Menschen im Nordland ertrinken,
Viel reiche Länder und Städte versinken.

Trutz, Blanke Hans

Ein einziger Schrei – die Stadt ist versunken,
Und Hunderttausende sind ertrunken.
Wo gestern noch Lärm und lustiger Tisch,
Schwamm andern Tags der stumme Fisch.
Heut bin ich über Rungholt gefahren,
Die Stadt ging unter vor 600 Jahren.

Trutz, Blanke Hans?

Nordsee-Krabben sind eine Delikatesse, die weit über die Grenzen von Schleswig-Holstein bekannt geworden sind
North Sea shrimp is a delicacy appreciated also beyond the borders of Schleswig-Holstein

Warften auf Hallig Hooge
„Warften" or dwelling mounds on Hallig Hooge

De Fischerkat

Verlaten is de Fischerkat,
Tobraken is de Dör,
De grauen Waggen kamt un gat,
Se kumt ni mehr dervör.

Se kumt ni mehr, so frisch un schön,
As keem se jüs ut Haf,
Se kumt ni mehr, so blid to sehn,
As keem de Maan heraf.

Verlaten süht de Welt mi an,
Un düster geit dat Meer,
De blide Maan is ünnergan
Un kumt ni mehr hervör.

KLAUS GROTH

Im alten Friesendorf Süddorf auf Amrum
In the old Frisian village Süddorf at Amrum

Bewahrte Eigenart – Nieblum auf Föhr
Preserved tradition – Nieblum on the island of Föhr

Thomas Mann schreibt 1927
von Sylt an Ernst Bertram:
„*Das Meer ist herrlich dort (Kampen), ich habe noch immer den weichen Donner der Brandung im Ohr, und überdies war man in Haus Kliffende vorzüglich aufgehoben. Ich schäme mich, nichts geleistet zu haben; außer unförderliche Kleinigkeiten ist nichts zustande gekommen.*"

Doch der Verleger Peter Suhrkamp gab seinen Autoren, die er nach Kampen in sein Haus schickte, den Rat:
„*Lassen Sie sich fallen! Werden Sie nicht unruhig, verzweifeln Sie nicht, wenn Sie drei, vier Wochen lang keine Zeile schreiben können. Vielleicht geraten Sie in eine Krise. Die Krise wird hilfreich sein.*"

Wanderdüne im Listland (Sylt)
The sanddunes at Listland on the Island of Sylt

Auf der Sandbank tummeln sich die Seehunde in der Sonne
On the sandbank the seals frolic about in the sun

Peter Suhrkamp hält in seinem großen Sylt-Aufsatz noch eine wichtige Beobachtung fest:

„Wer Erinnerungen an viele Orte in den verschiedenen Zonen der Erde mitbringt, der kann sich auf der Insel in einer homerischen Bucht oder auf einem schottischen Moor, in einem hochgelegenen Gebirgstal oder in der Sahara, in einem norddeutschen Dorf des 16. Jahrhunderts oder, wie jemand versicherte, sogar unter tibetanischem Himmel wiederfinden."

Insel Sylt, Blick über die Dünen
The island of Sylt, a view over the dunes

Brandung an der Sylter Dünenkante
Surf on the Sand-dunes of Sylt

Von vielen kleinen Häfen der Nordseeküste verkehren im Sommer täglich Ausflugsschiffe nach Helgoland, der einzigen deutschen Hochseeinsel. Allein die Seefahrt ist bei allen Wettern ein tiefes Erlebnis. Die Insel selbst verkörpert eine eindrucksvolle Geschichte, beherbergte den zeitweise emigrierten Dichter Hoffmann von Fallersleben, als sie zu England gehörte, er schrieb hier 1841 das Deutschlandlied. Seit über 100 Jahren deutsch, wurde die Insel vielfach besungen, doch in keinem Text so knapp, treffend und immer gültig:

*Grön is das Land,
rot is de Kant,
witt is de Sand,
das sind die Farben
von Helgoland.*

Westliche Steilküste Helgolands mit einzelstehender „Langen Anna"
The western cliffs of Heligoland with the freestanding „Lange Anna"

Der berühmte Lummenfelsen, auf dem die Lummenpaare brüten und ihre Jungen aufziehen
The famous guillemot rock is a farvorable breeding ground for their young

Hell int Finster schint de Sünn,
Schint bet deep int Hart herin;
All wat kold is, dump un weh,
Daut se weg as Is un Snee.

KLAUS GROTH

Winterlicher Sonnentag in Süden/Nordstrand
Winter in Süden/Nordstrand

Winter in Tönning, Blick auf den Torfhafen
Winter in Tönning, view over Peat harbour

Min Jehann

Ik wull, wi weern noch kleen, Jehann,
   Do weer de Welt so grot!
Wi seten op den Steen, Jehann,
   Weest noch? bi Nawers Sot.
     An Heben seil de stille Maan,
     Wi segen, wa he leep,
     Un snacken, wa de Himmel hoch
     Un wa de Sot wul deep.

Weest noch, wa still dat weer, Jehann?
   Dar röhr keen Blatt an Bom.
So is dat nu ni mehr, Jehann,
   As höchstens noch in Drom.
     Och ne, wenn do de Scheper sung,
     Alleen int wide Feld:
     Ni wahr, Jehann? dat weer en Ton!
     De eenzige op de Welt.

Mitünner in'e Schummertid,
   Denn ward mi so to Mot.
Denn löppt mi't langs den Rügg so hitt
   As domals bi den Sot.
     Denn dreih ik mi so hasti um,
     As weer ik nich alleen:
     Doch allens, wat ik finn, Jehann,
     Dat is - ik sta un ween.

                      KLAUS GROTH

Kirche von Kotzenbüll im Rauhreif
Kotzenbüll church in hoar-frost

Winterliche Abenddämmerung über Westerhever
Winter twilight over Westerhever

In'n Winter, in'n Winter, denn knackert dat Is,
De Böm hangt vul Rip, un de Koppeln sünd gris,
Denn nehm ik min Scheetprügl un slenker to Lann',
Umme Ohren de Pudelmütz un Fusthannschen an.

KLAUS GROTH

Winterliches Gehöft in Koldenbüttel bei Friedrichstadt
Winter idyll in Koldenbüttel near Friedrichstadt

Das eisige Vorland
The icy shore

Dat Dörp in Snee

Still as ünnern warme Dek
Liggt dat Dörp in witten Snee,
Mank de Ellern slöppt de Bek,
Ünnert Is de blanke See.

Wicheln stat in witte Haar,
Spegelt slapri all de Köpp,
All is ruhi, kold un klar
As de Dod, de ewi slöppt.

Wit, so wit de Ogen reckt,
Nich en Leben, nich en Lut;
Blau na'n blauen Heben treckt
Sach de Rok na'n Snee herut.

Ik much slapen as de Bom,
Sünner Weh un sünner Lust,
Doch dar treckt mi as in Drom
Still de Rok to Hus.

KLAUS GROTH

Holland an der Westküste: Gracht in Friedrichstadt
A touch of Holland on the west coast: A Gracht in Friedrichstadt

Auf dem Kirchhof in Lunden bauten sich Dithmarscher Bauern Grüfte wie große Herren
The Dithmarscher farmers built tombs in the Lunden churchyard as though they were grand lords

Abendfreden

De Welt is rein so sachen,
As leeg se deep in Drom,
Man hört ni ween'n noch lachen,
Se's lisen as en Bom.

Se snackt man mank de Bläder,
As snack en Kind in Slap,
Dat sünd de Wegenleder
Vör Köh un stille Schap.

Nu liggt dat Dörp in Dunkeln,
Un Newel hangt dervör,
Man hört man eben munkeln,
As keem't vun Minschen her.

Man hört dat Veh int Grasen,
Un allens is in Fred,
Sogar en schüchtern Hasen
Sleep mi vör de Föt.

Da's wul de Himmelsfreden,
Ahn Larm un Strit un Spott,
Dat is en Tid tum Beden –
Hör mi, du frame Gott!

KLAUS GROTH

Winterabend bei Wöhrden
A winter evening near Wöhrden

Eisgang im Büsumer Hafen
Ice in Büsum harbour

Weihnachtslied

Vom Himmel in die tiefsten Klüfte
Ein milder Stern herniederlacht;
Es brennt der Baum, ein süß' Gedüfte
Durchschwimmet träumerisch die Lüfte,
Und kerzenhelle wird die Nacht.

Mir ist das Herz so froh erschrocken,
Das ist die liebe Weihnachtszeit!
Ich höre fernher Kirchenglocken
Mich lieblich heimatlich verlocken
In märchenstille Herrlichkeit.

Ein frommer Zauber hält mich wieder,
Anbetend, staunend muß ich stehn;
Es sinkt auf meine Augenlider
Ein goldner Kindertraum hernieder,
Ich fühl's, ein Wunder ist geschehn.

THEODOR STORM

Der „Pesel" im Dithmarscher Landesmuseum in Meldorf des Marcus Swin von 1568 gilt als prächtigste Bauernstube, die es aus alter Zeit gibt
Marcus Swin's „Pesel" in the Dithmarscher state museum in Meldorf from 1568 is considered the most magnificent farmhouse room there is from the olden times

Unter hohen Bäumen das Bauernhausmuseum in Meldorf
Beneath high trees: the „Bauernhausmuseum" in Meldorf

ISBN 3-8042-0617-4

5. erweiterte Auflage 2002

© 1993 Westholsteinische Verlagsanstalt Boyens GmbH & Co. KG
Alle Rechte vorbehalten
Textredaktion: Bernd Rachuth
Gestaltung und Fotos: Günter Pump
Englische Übersetzung: Susan Pump
Herstellung: Boyens Offset, Heide
Printed in Germany